À TOUTE VAPEUR

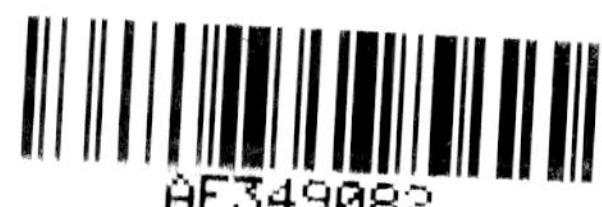

Adulte Coloriage Livre
Trains Edition

Coloring Bandit

Publié par Speedy Publishing Canada Limited

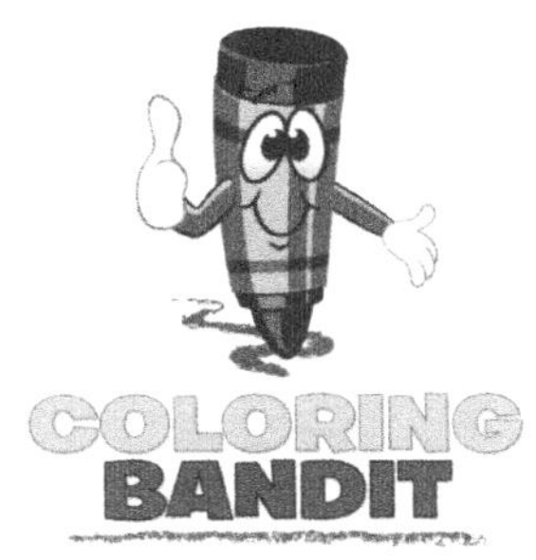

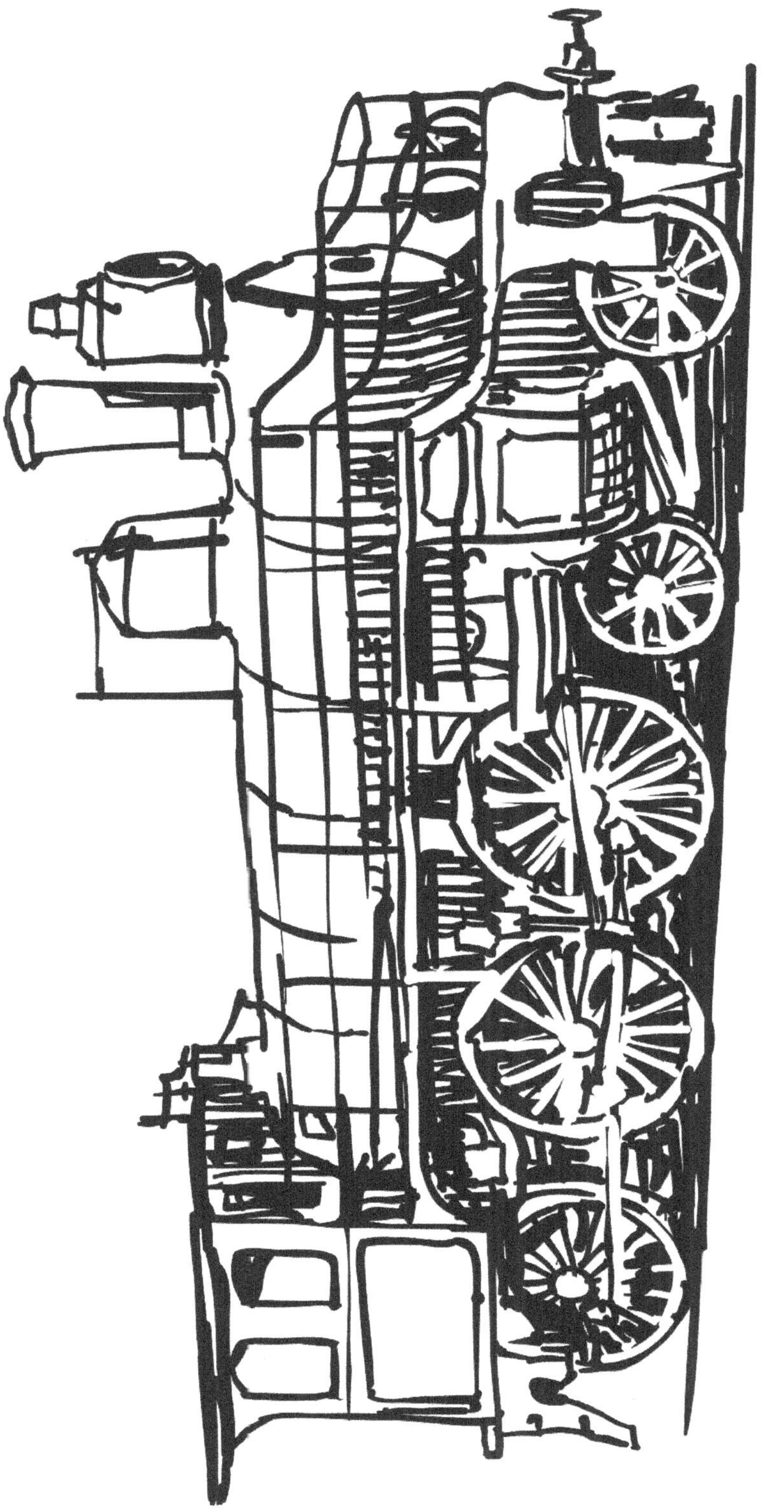

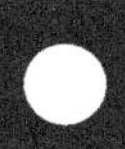

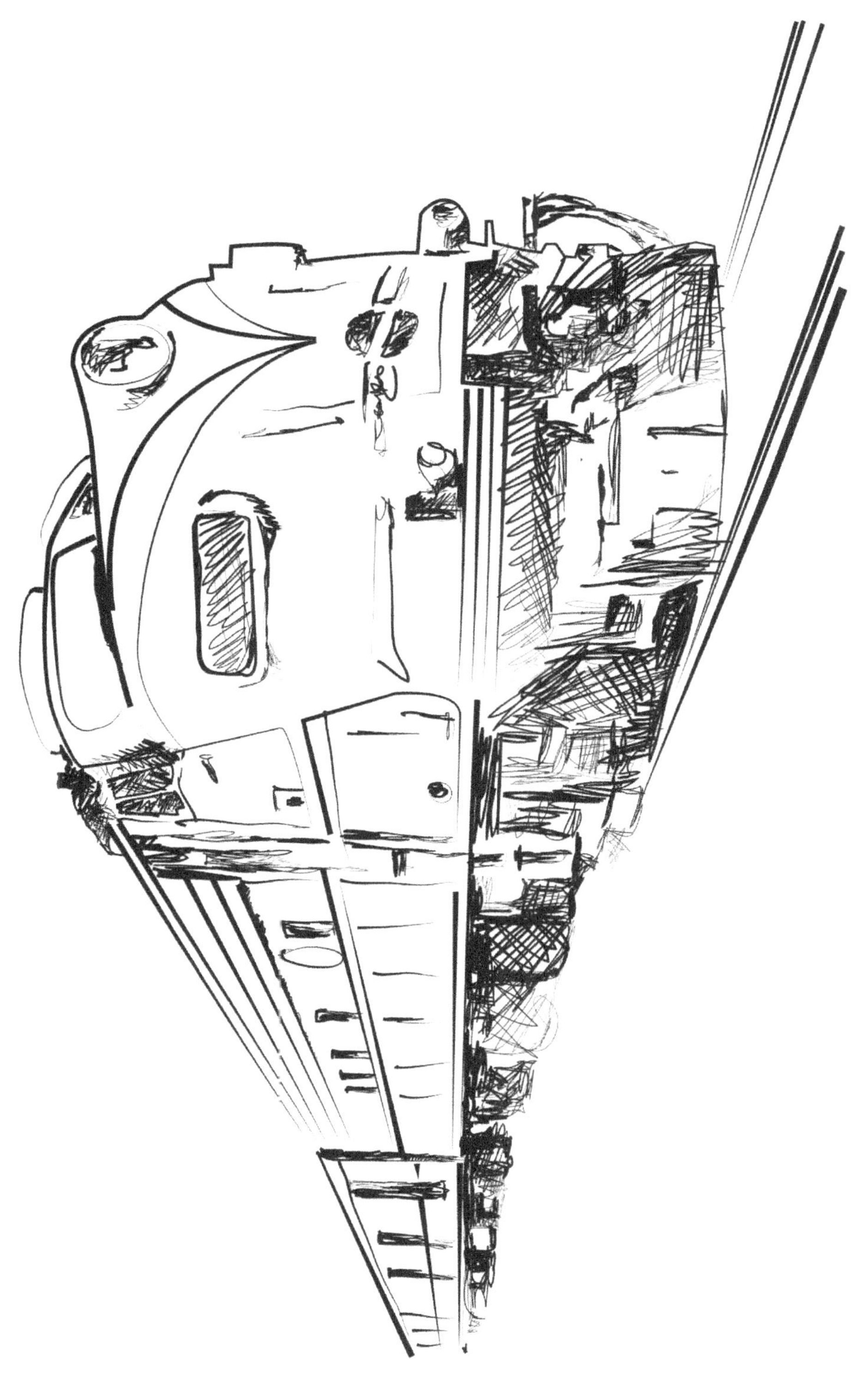

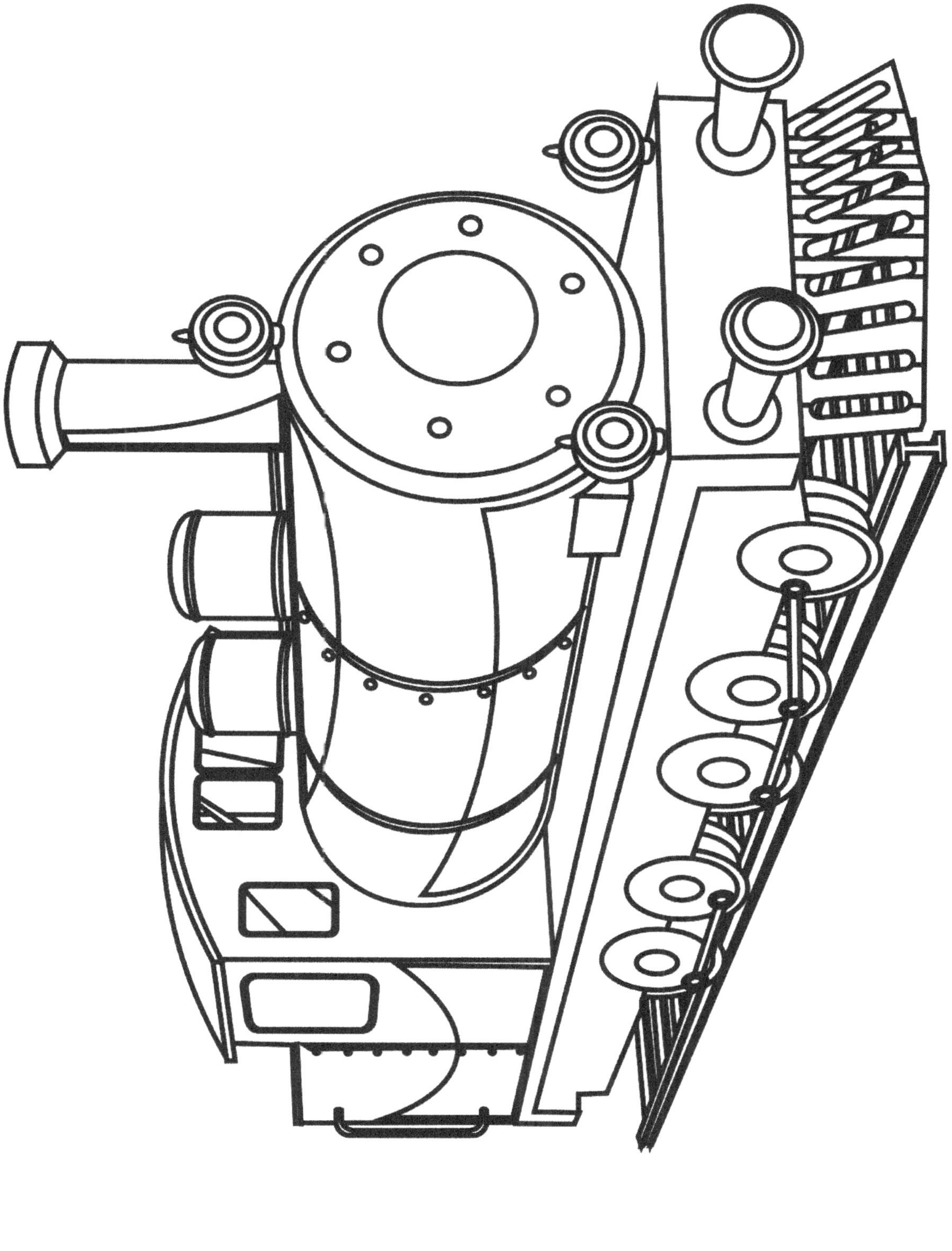

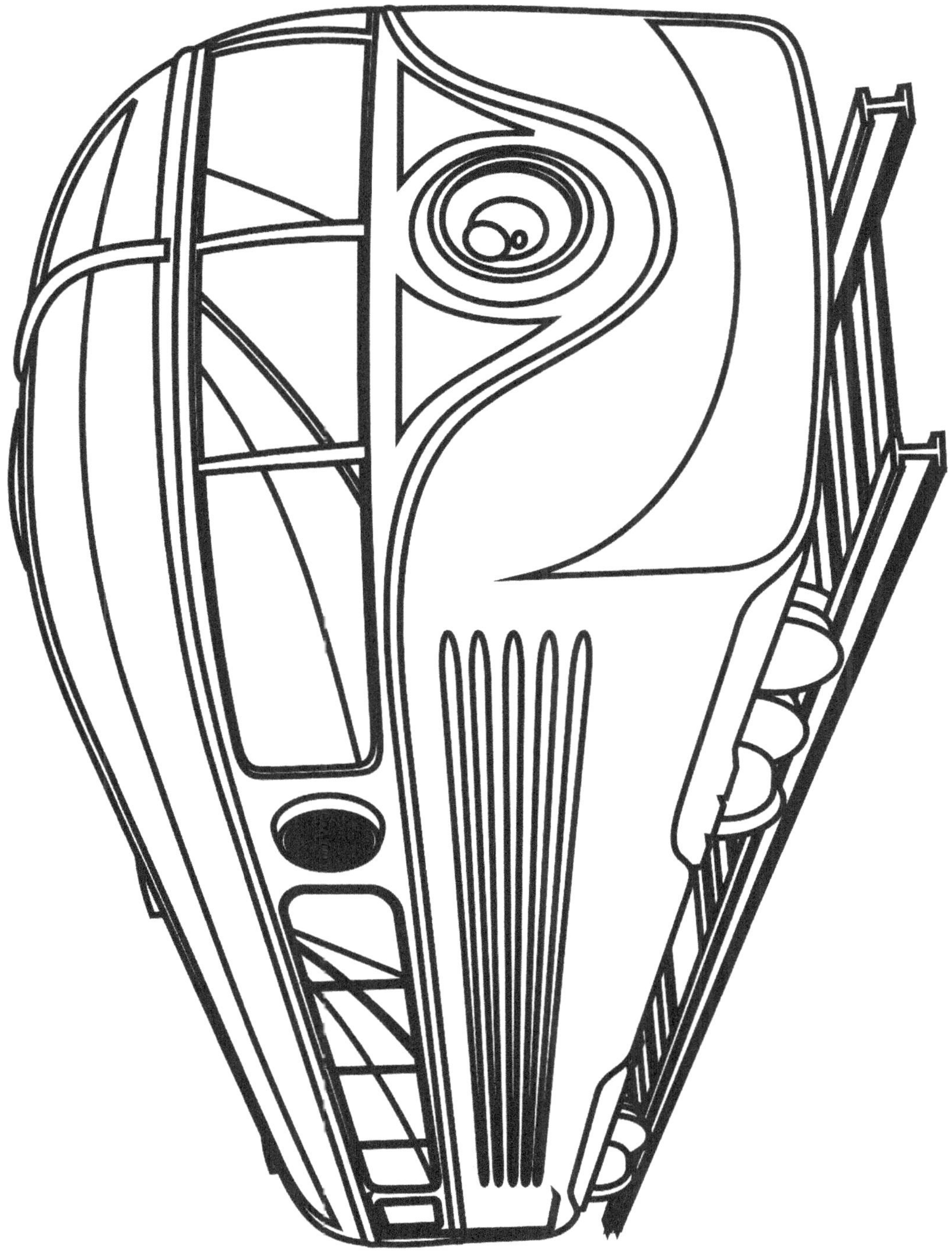

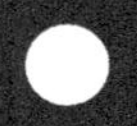

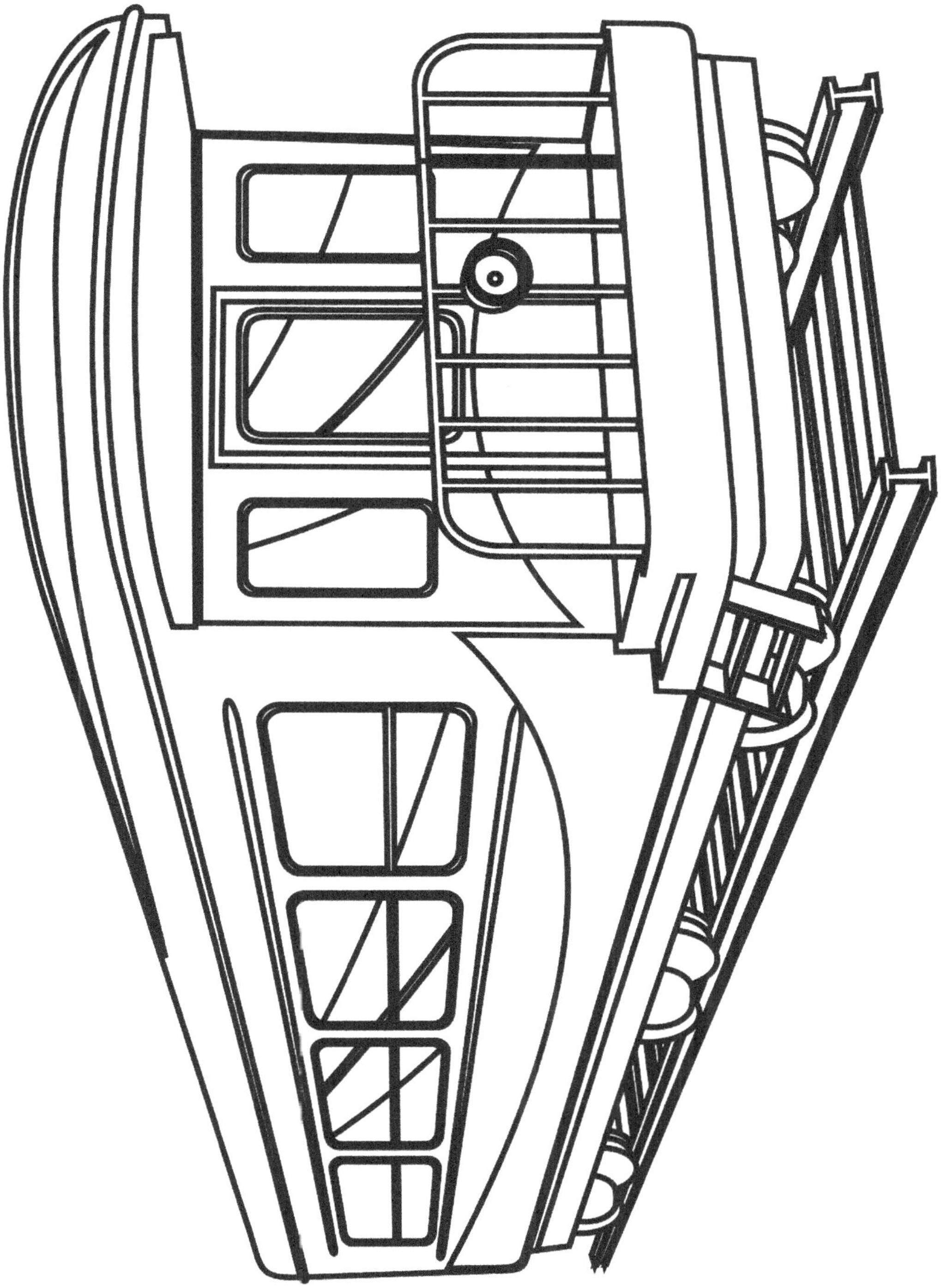

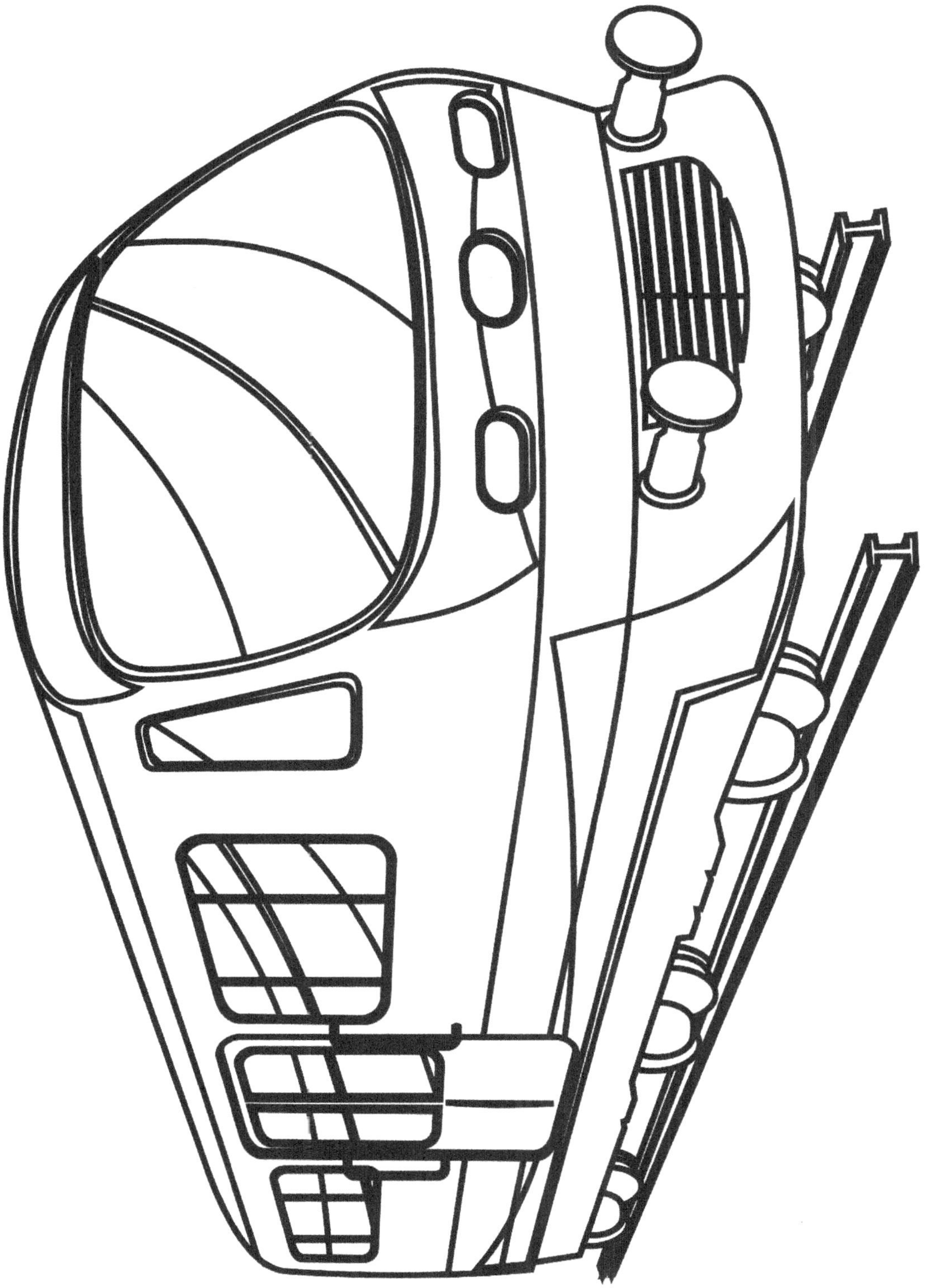

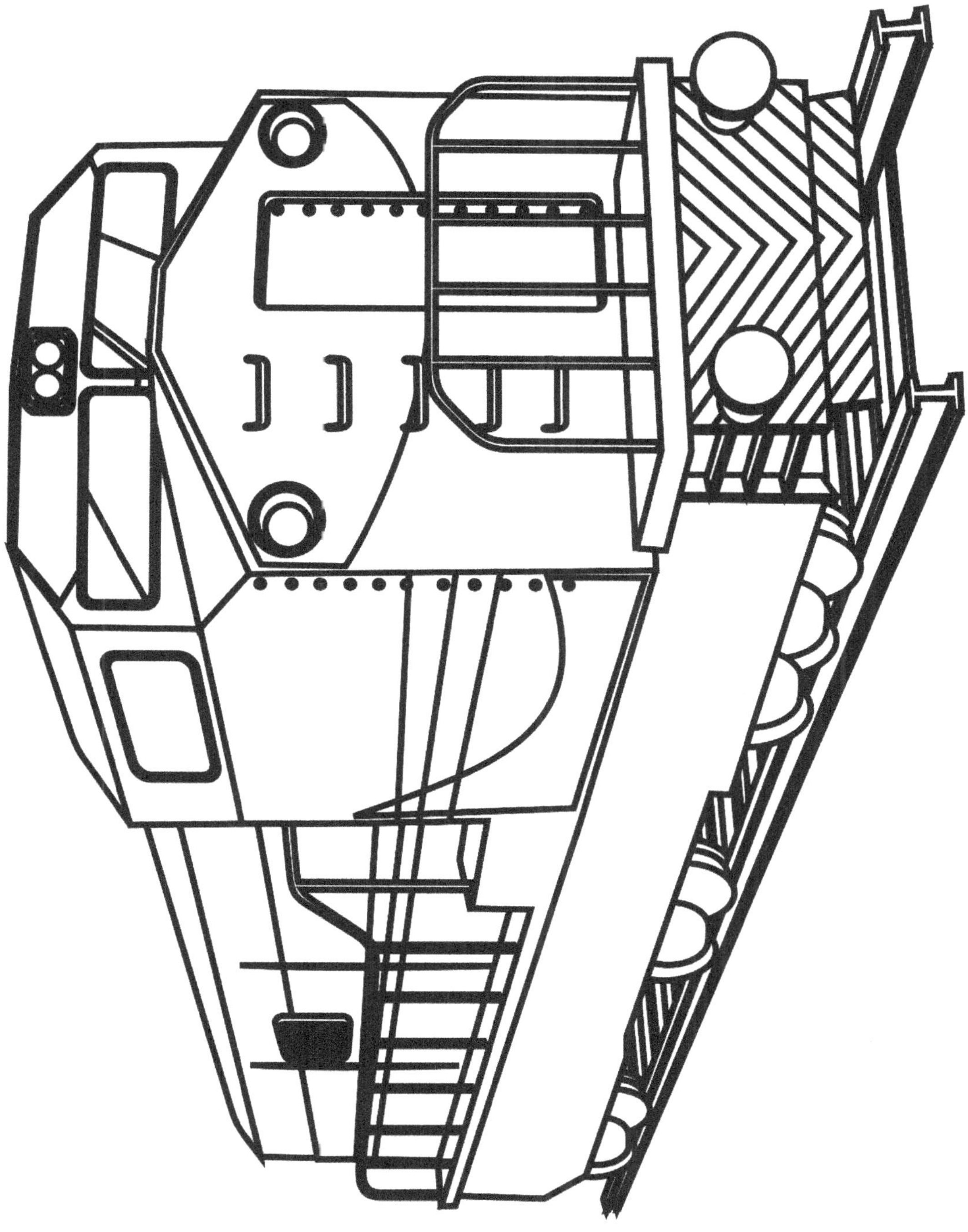

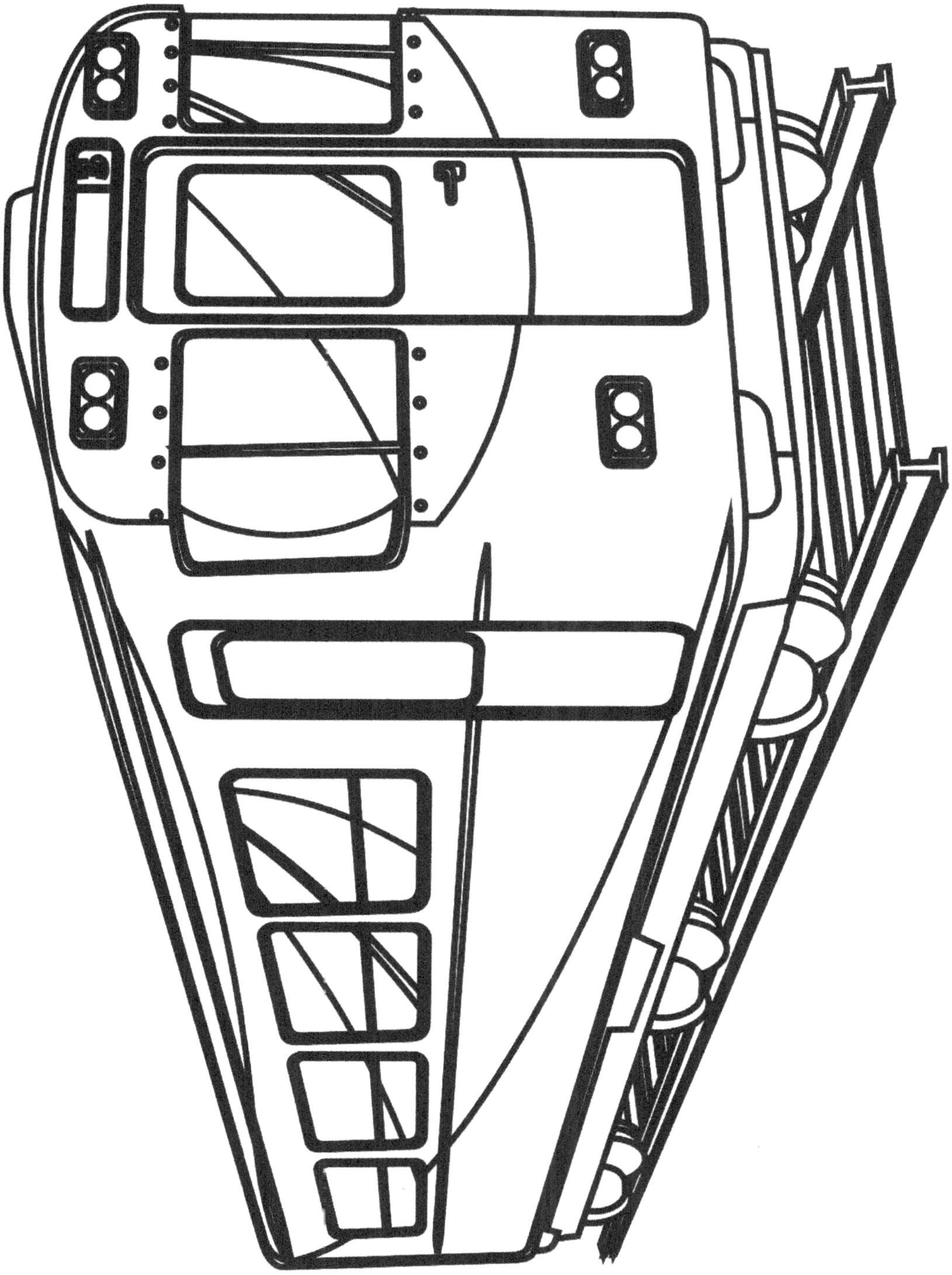

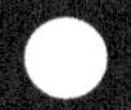

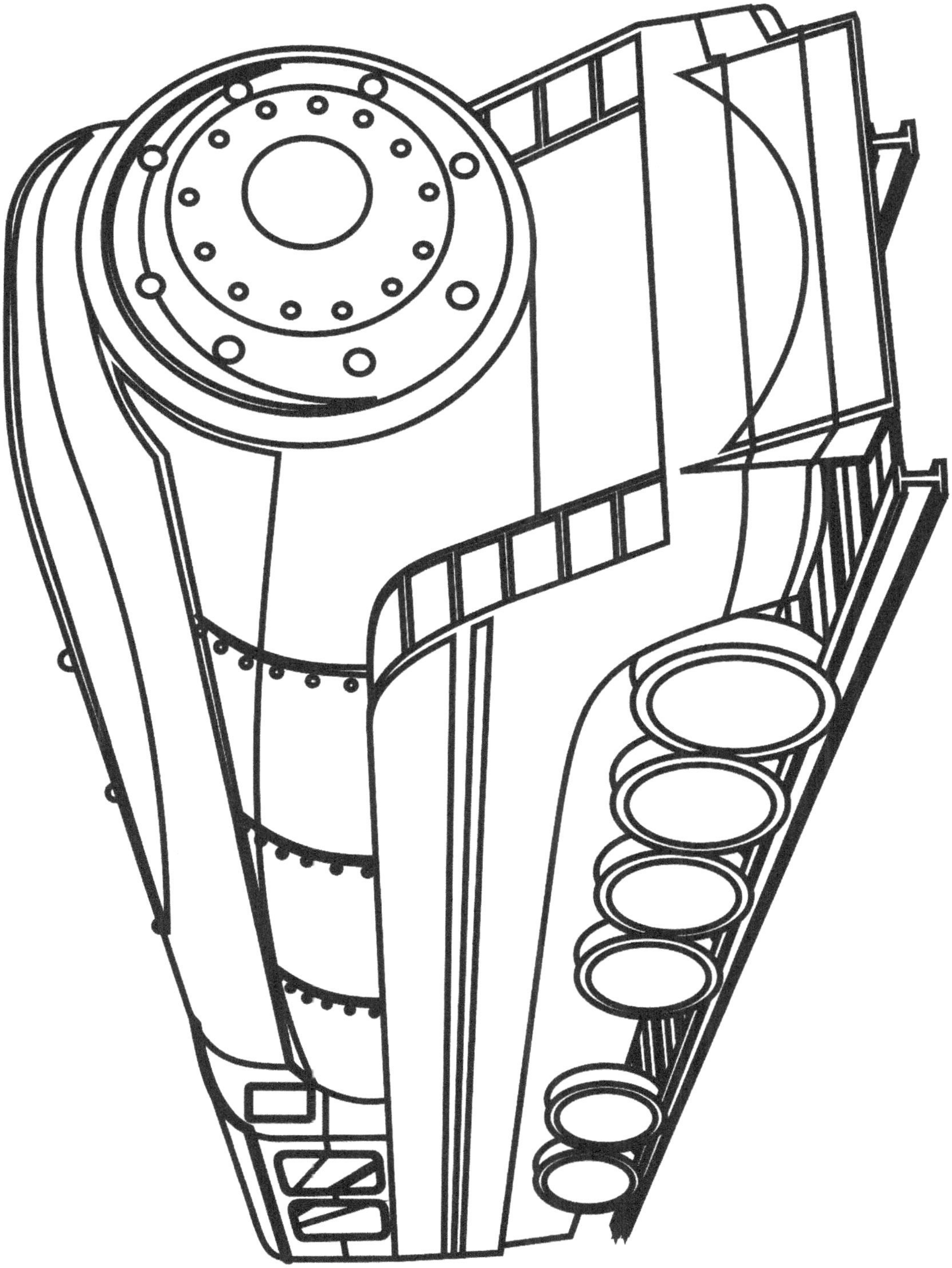

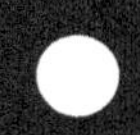
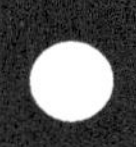

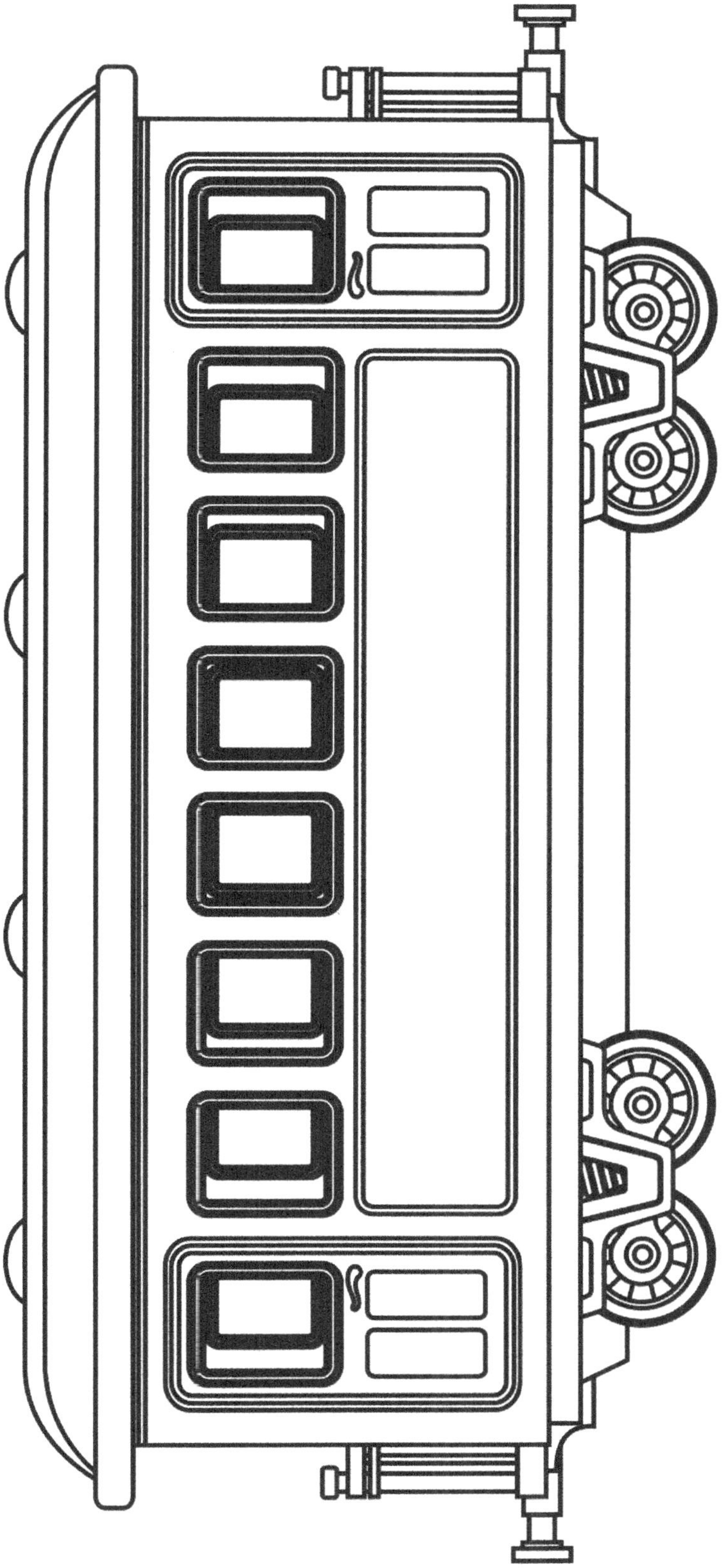

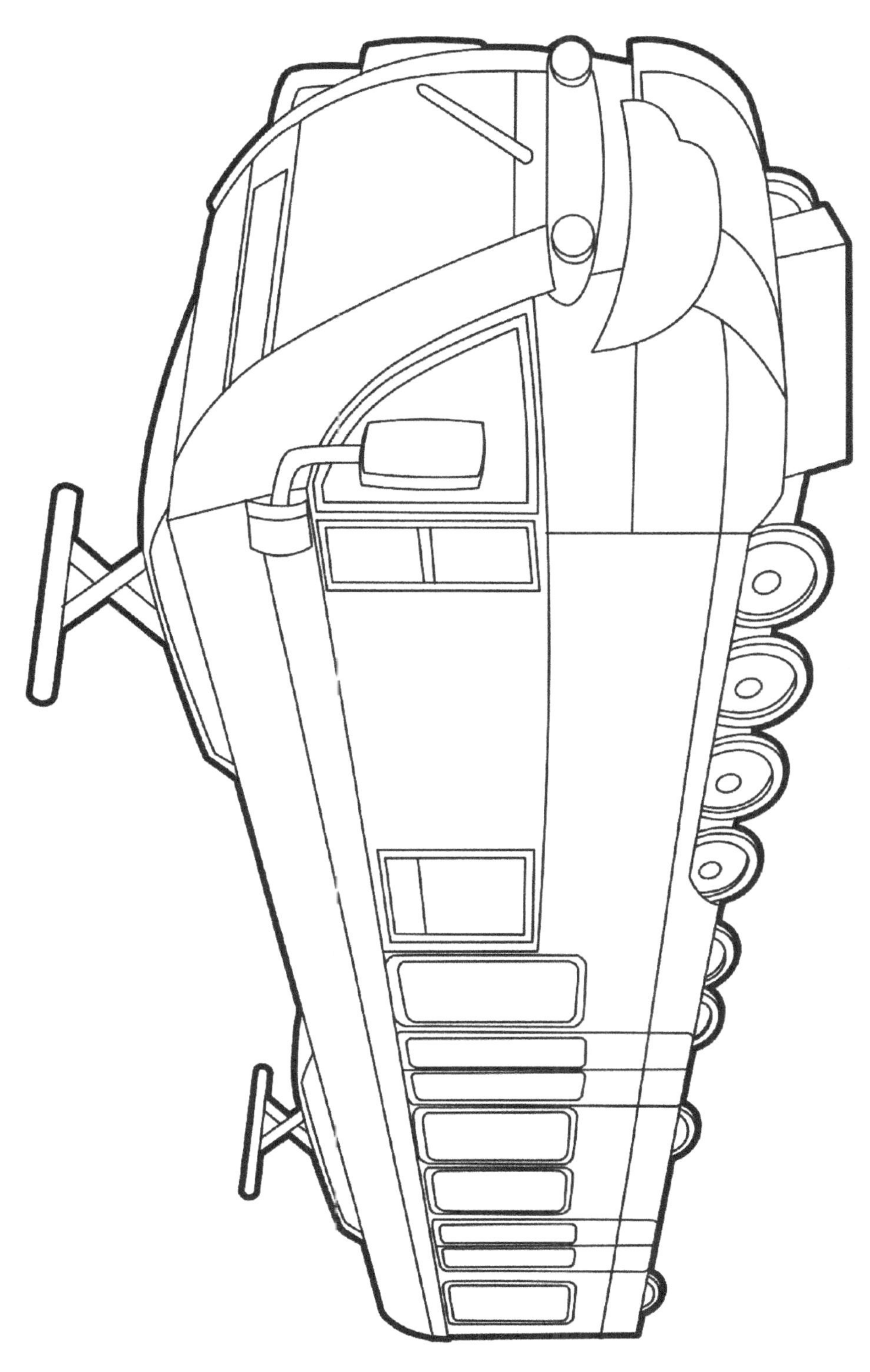

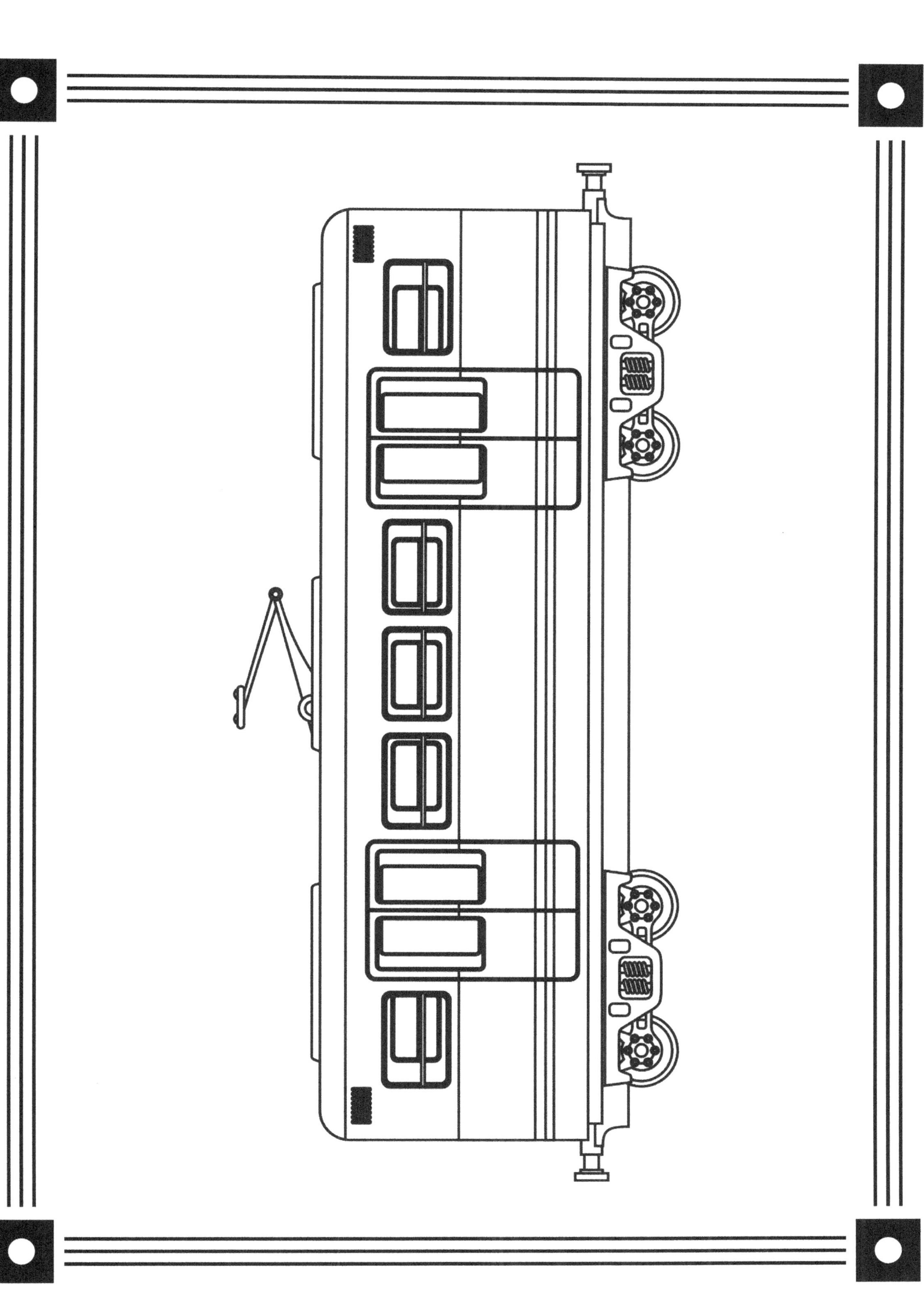

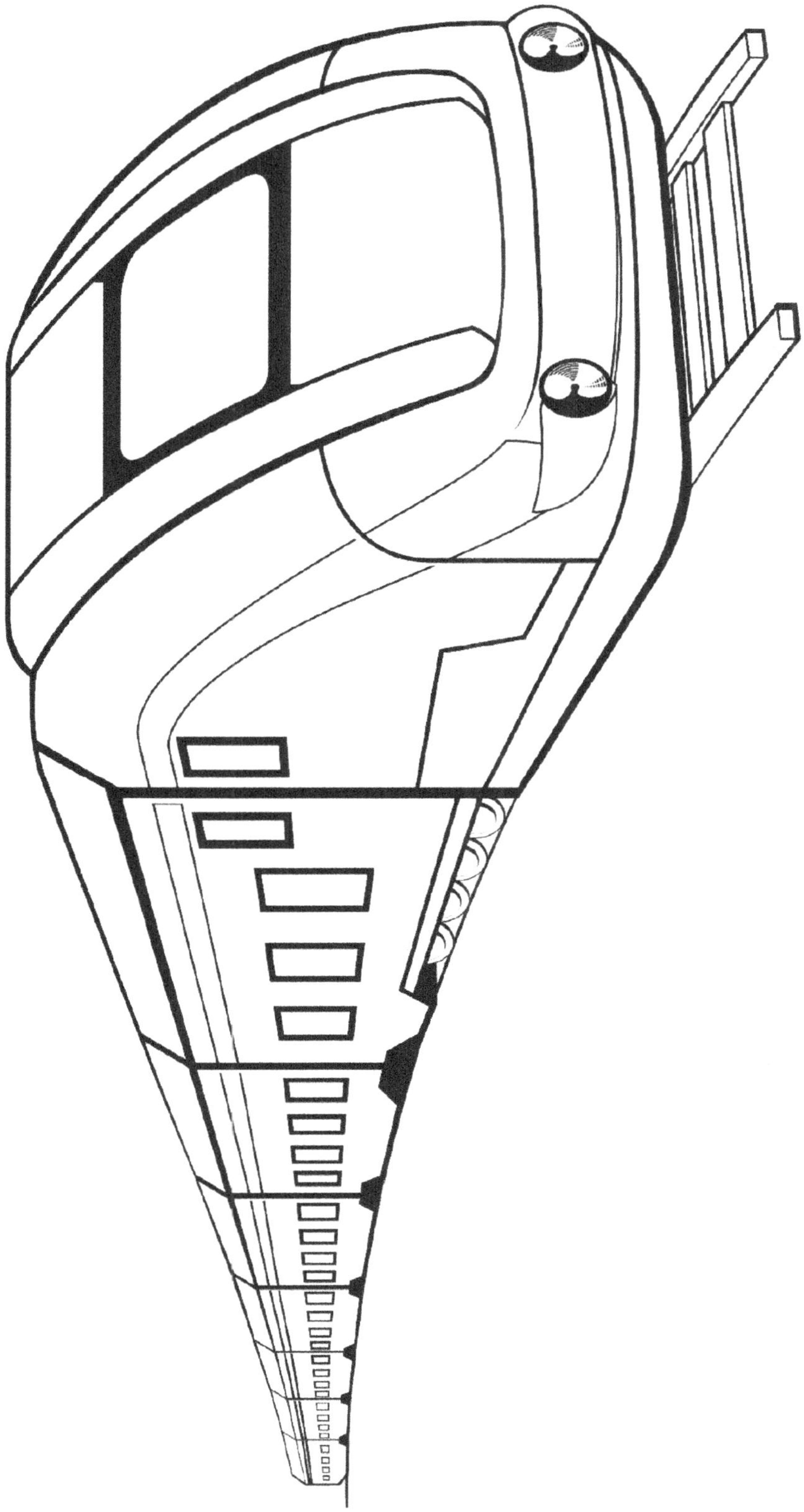

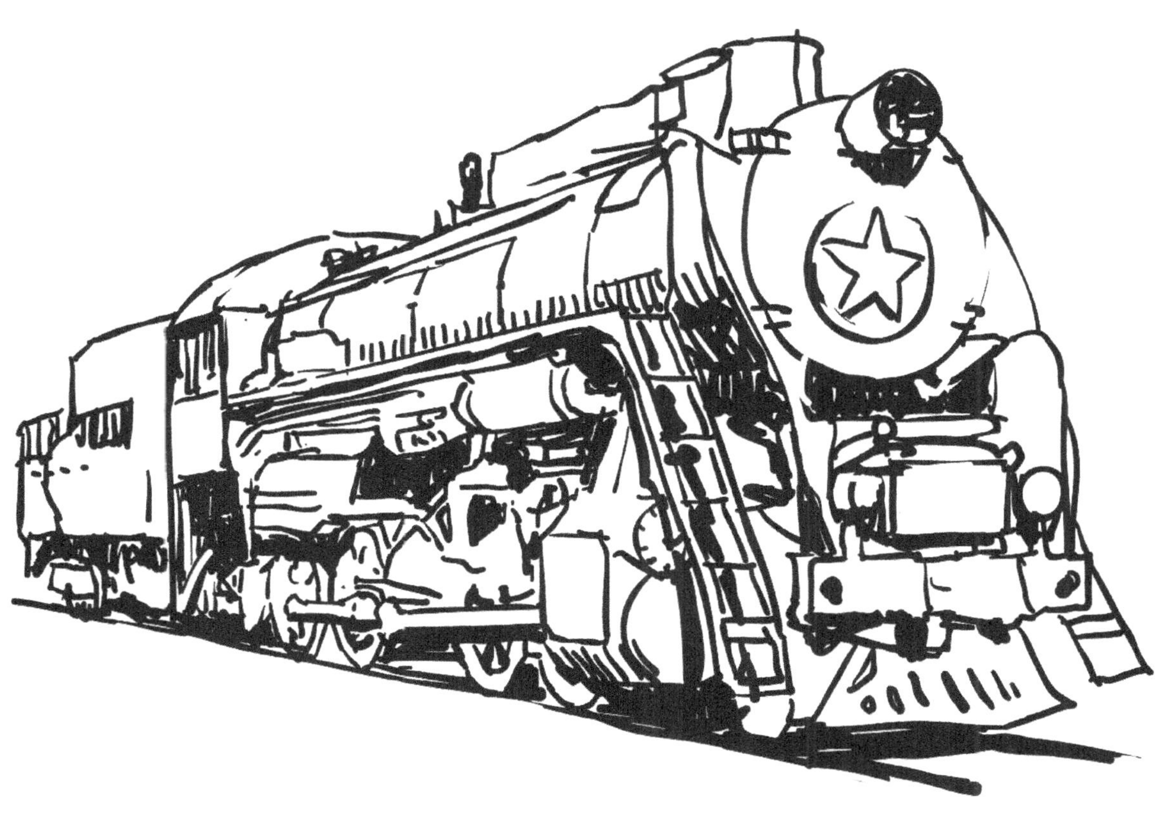
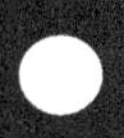

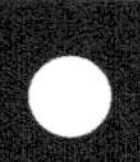

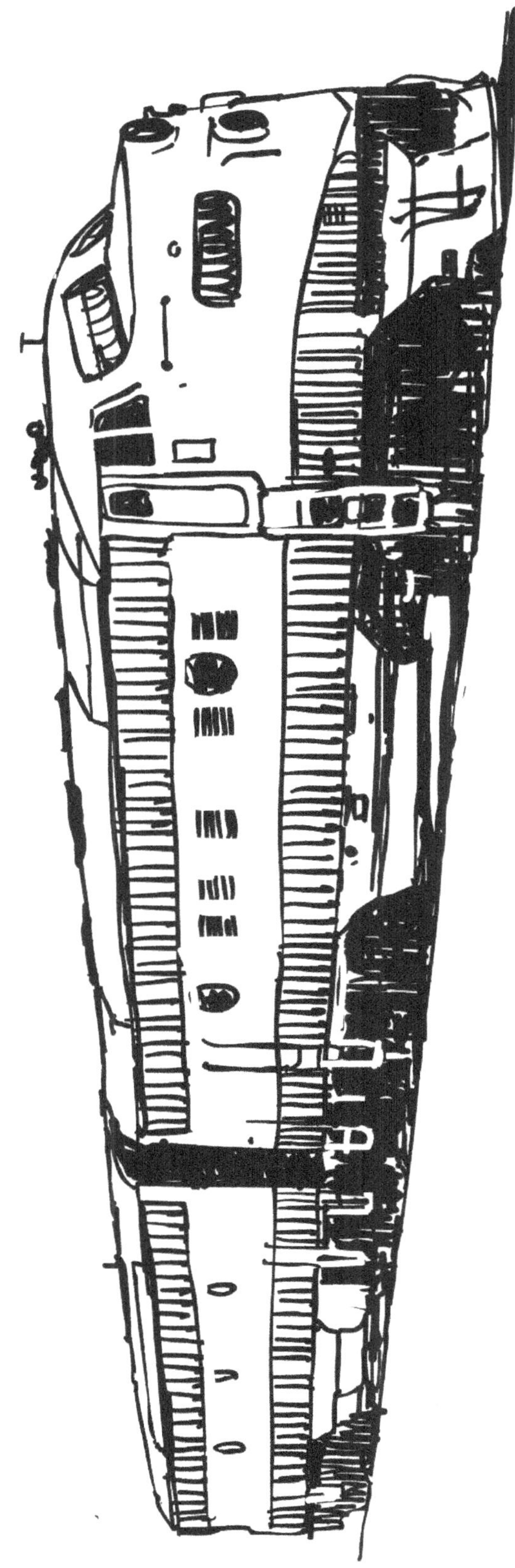
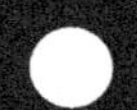

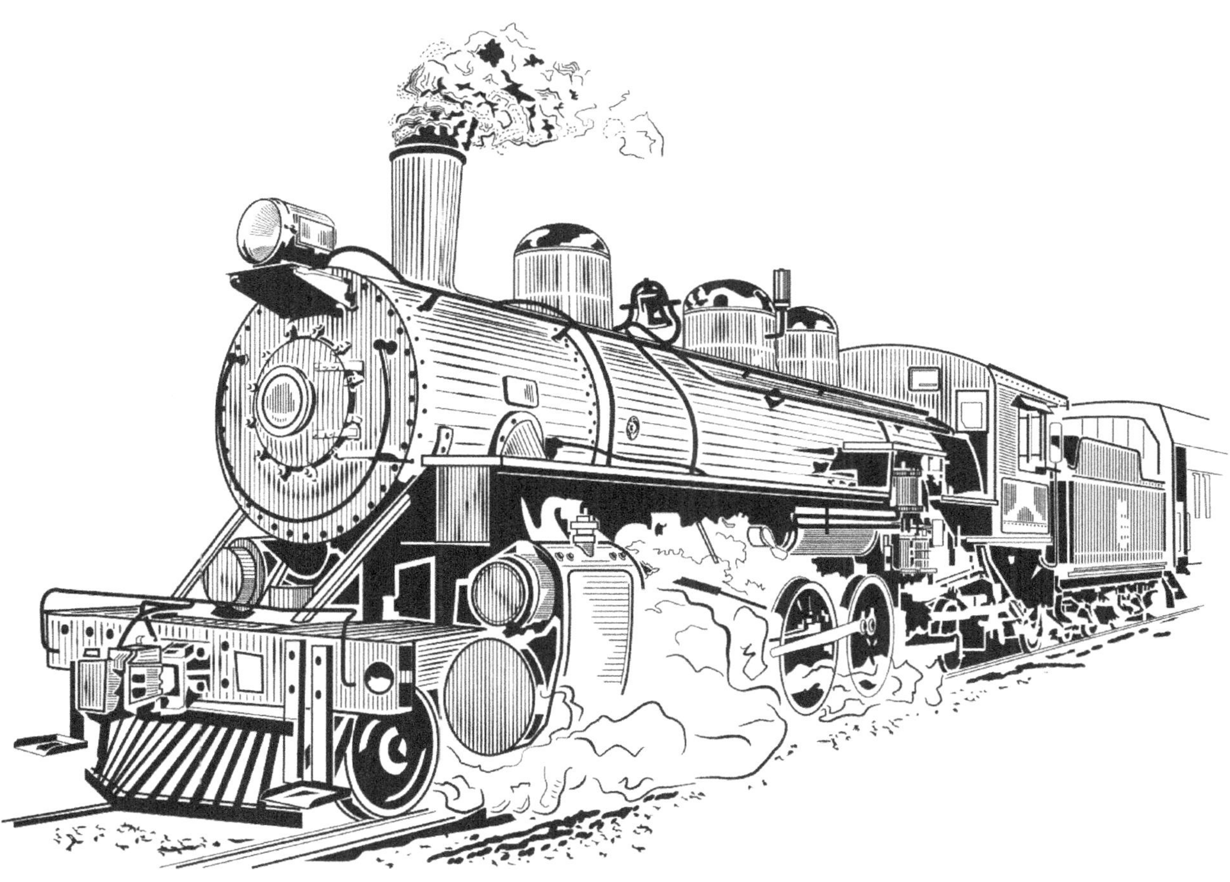

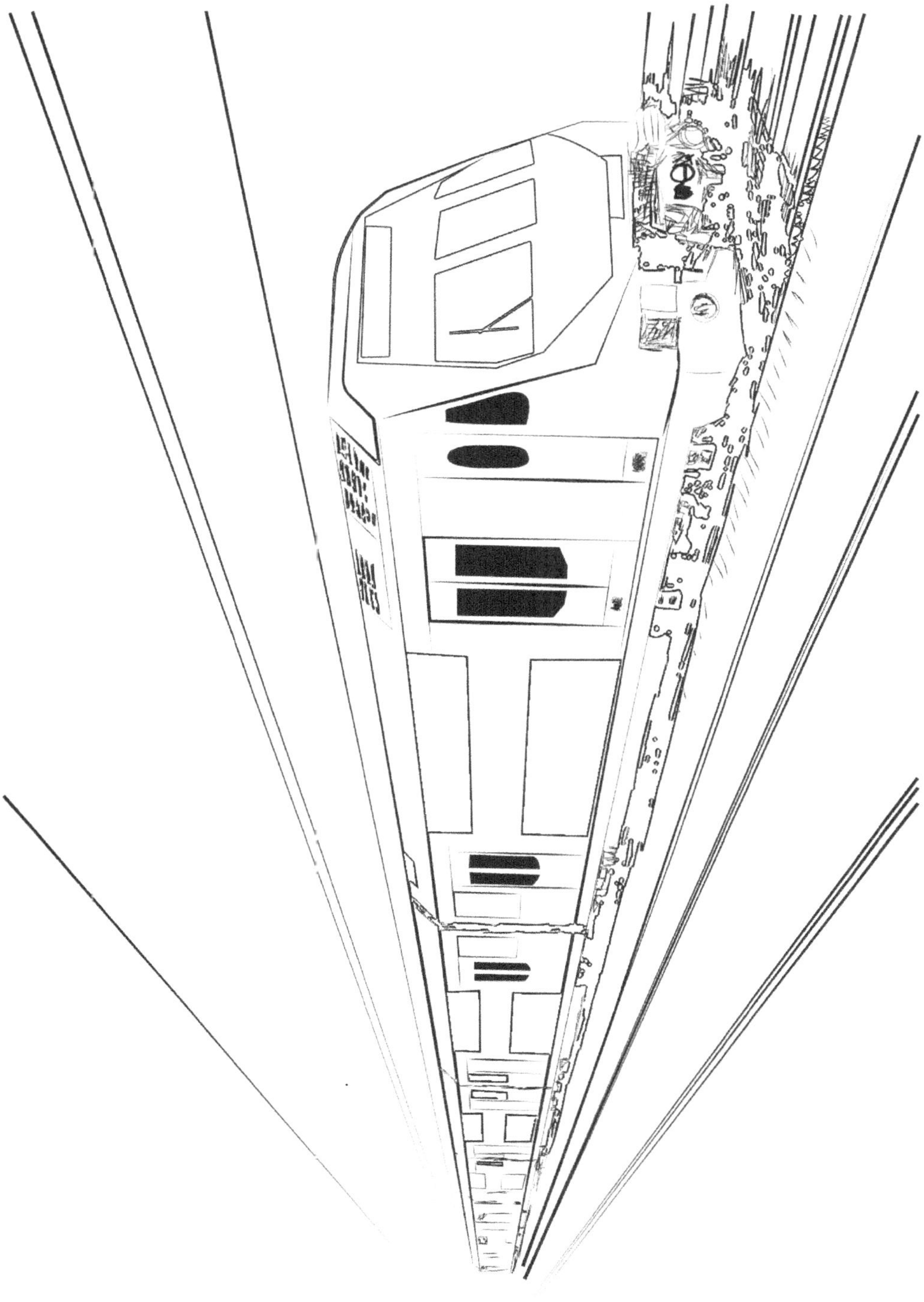

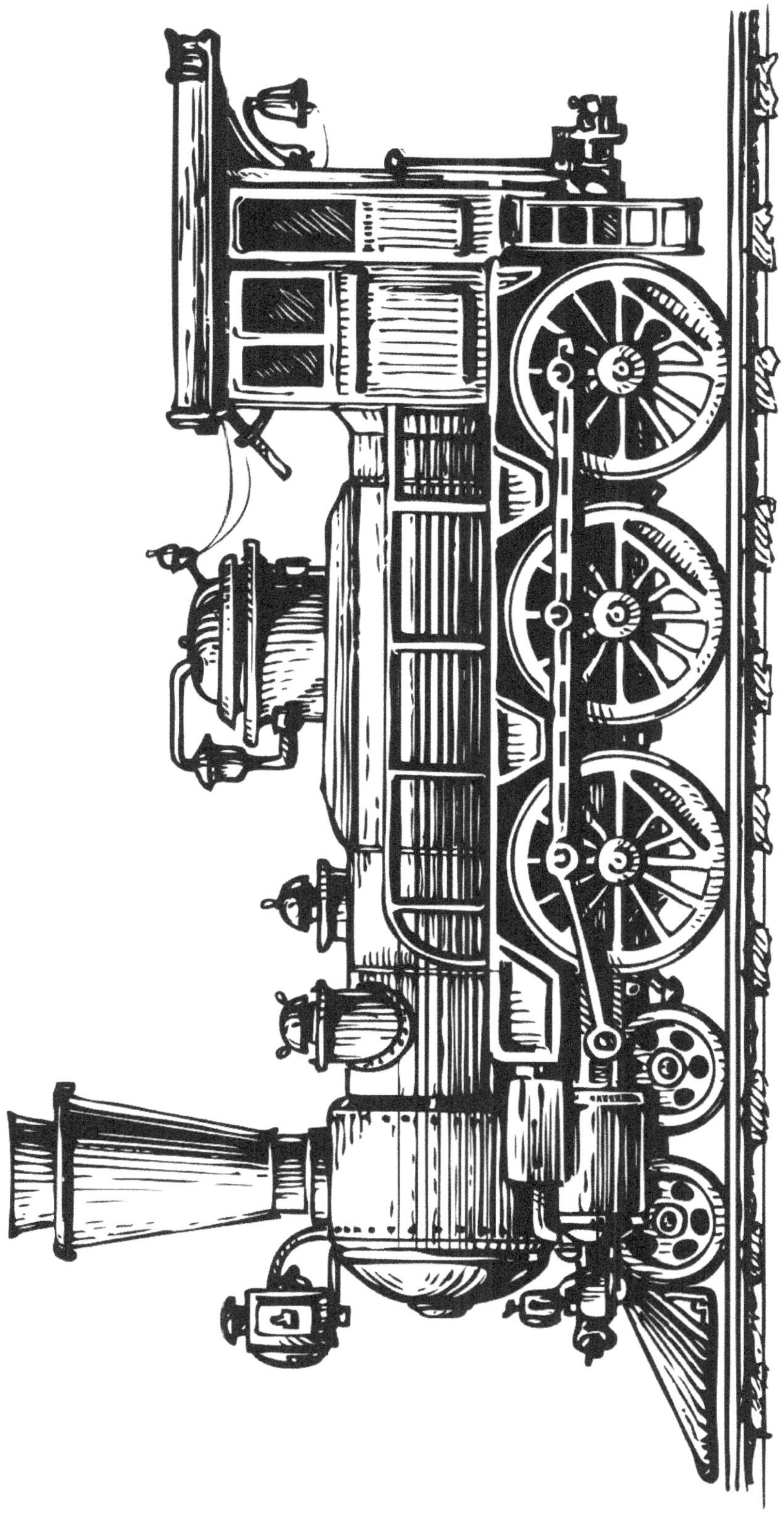

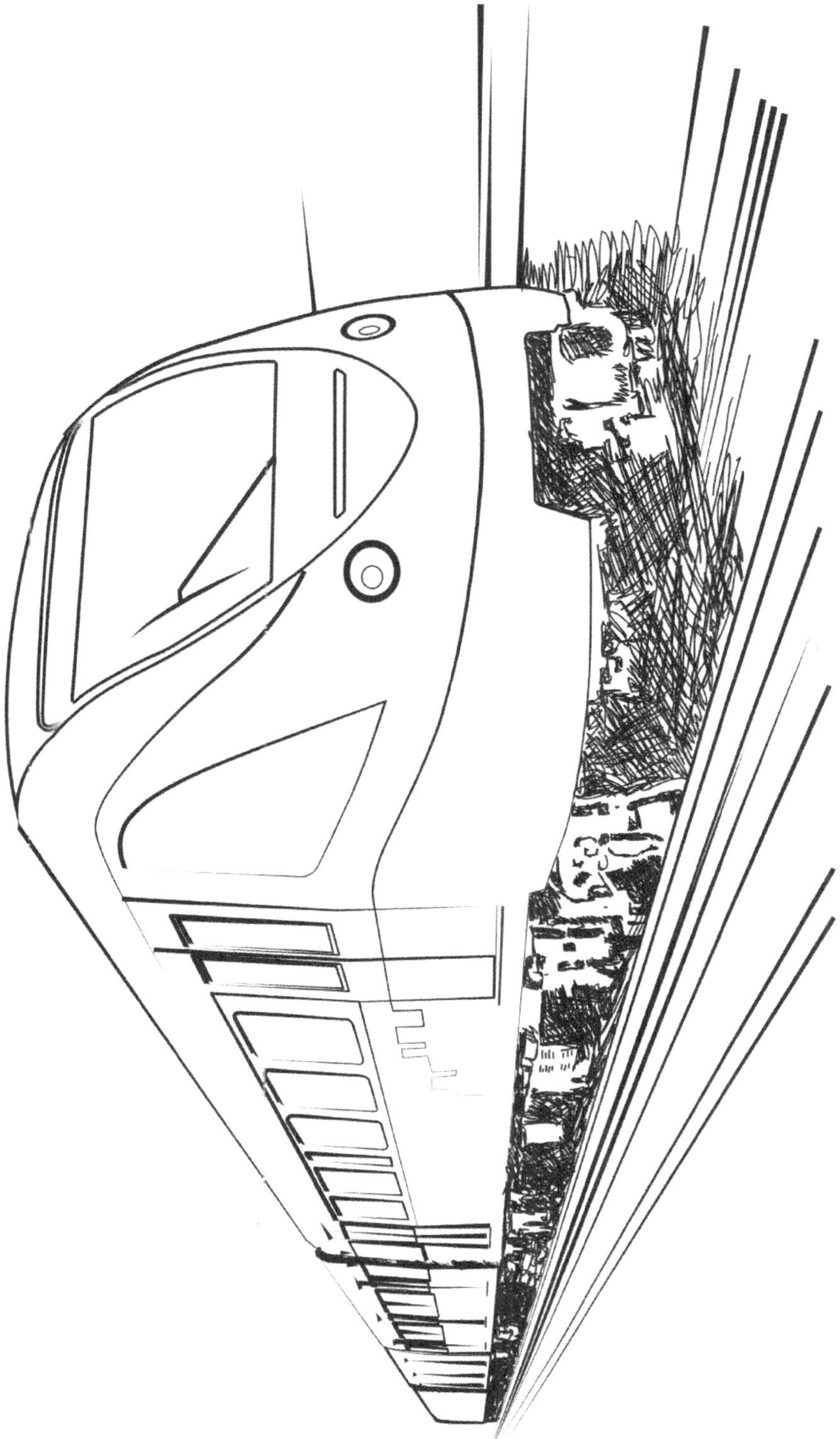

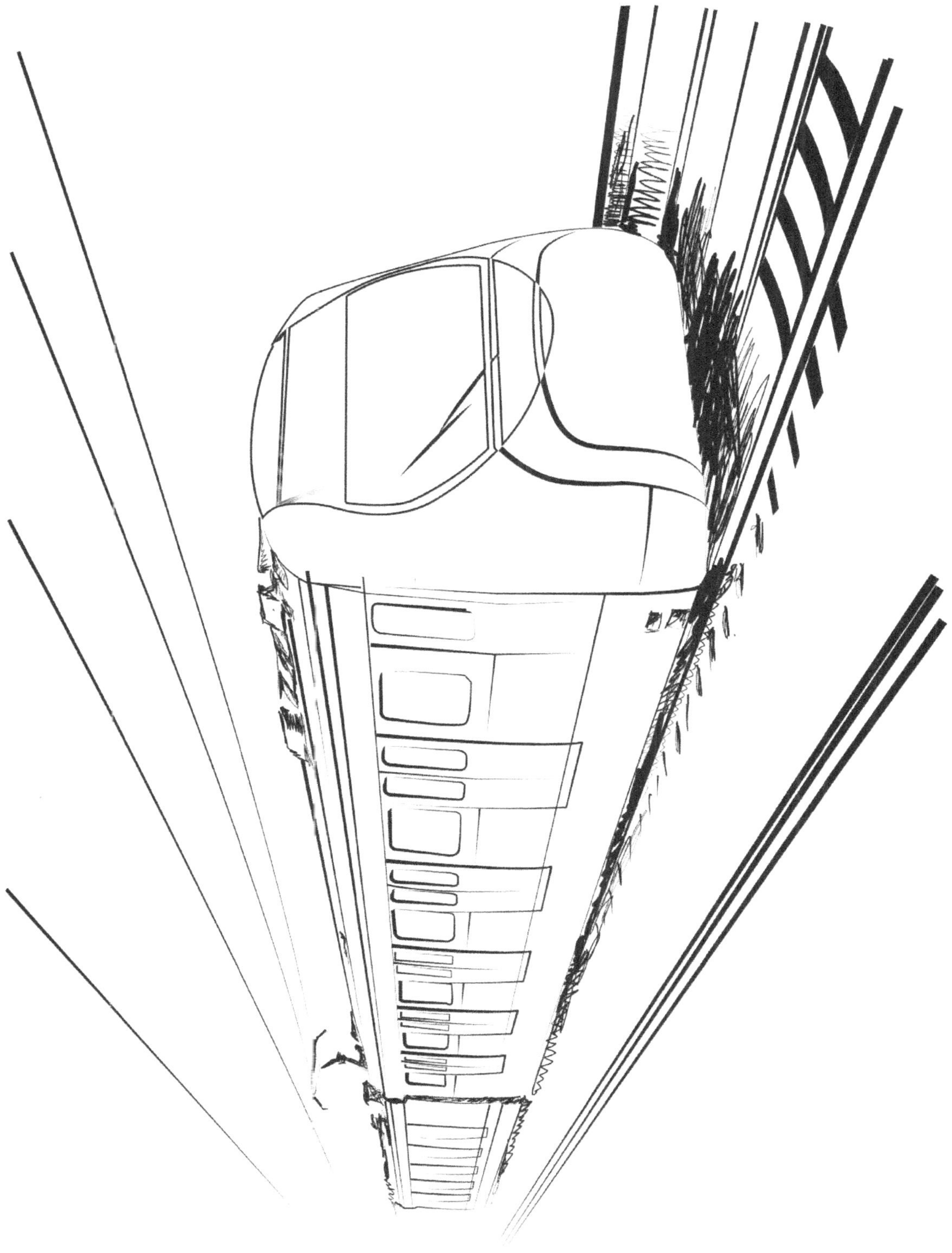

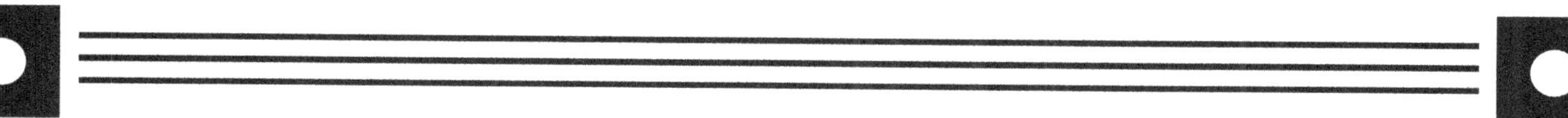

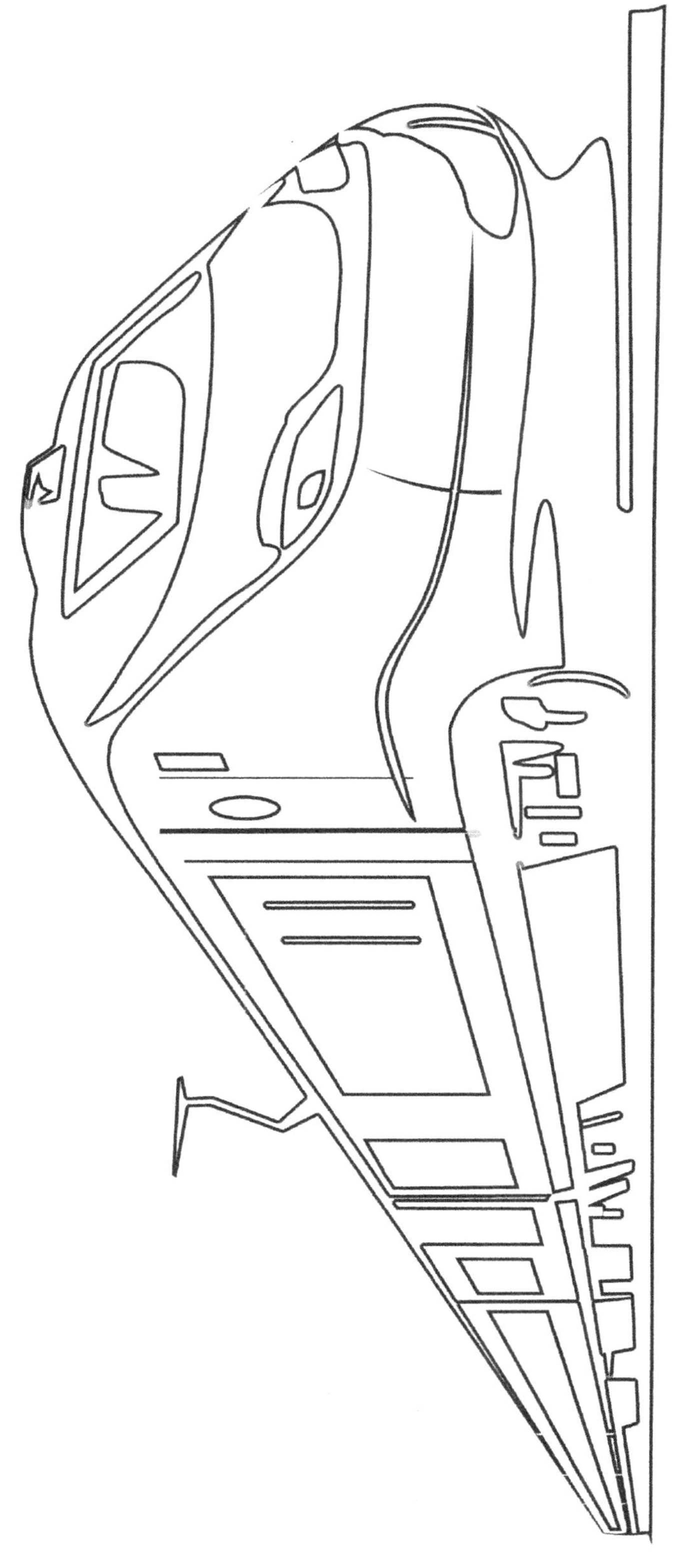

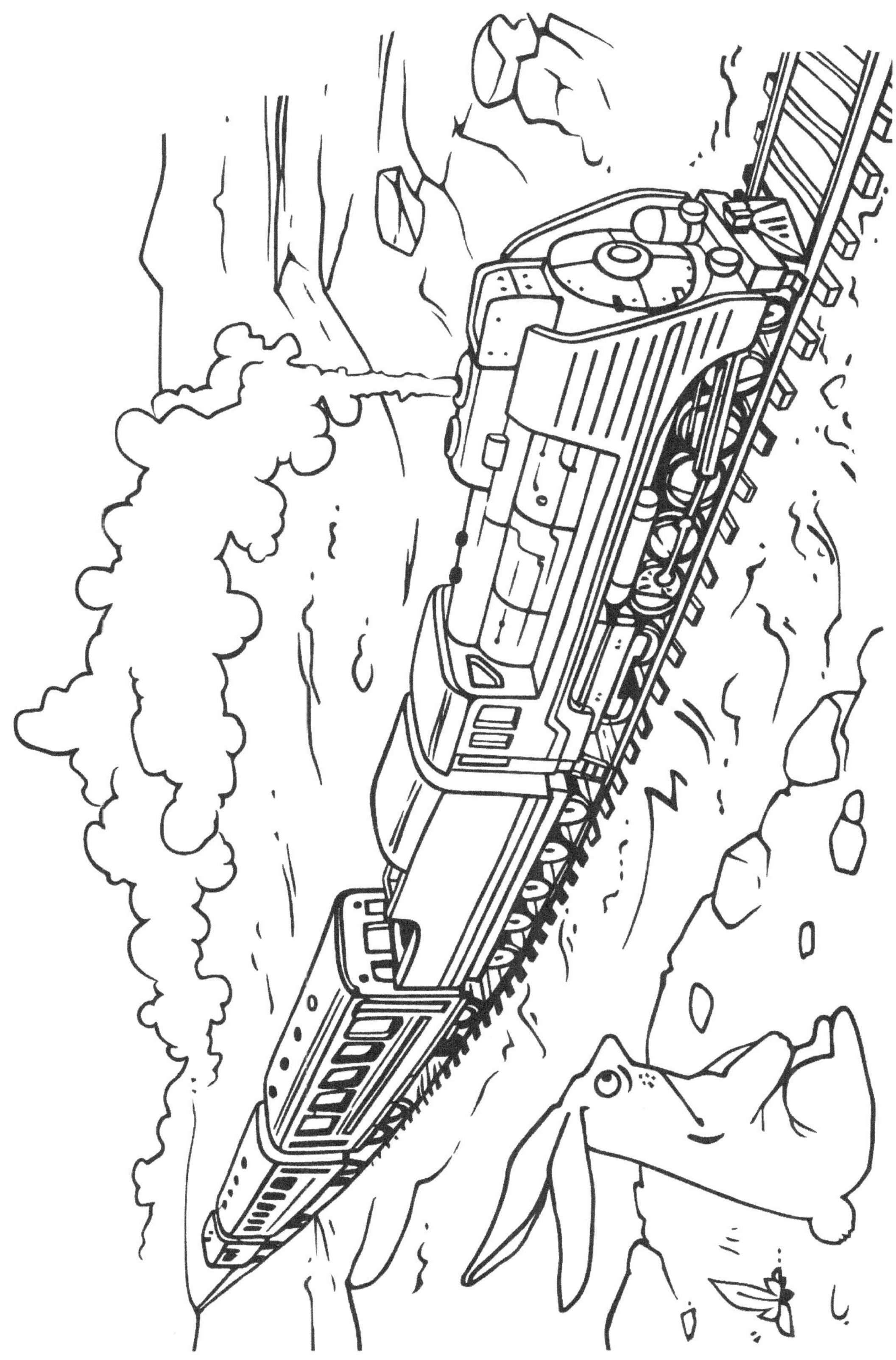

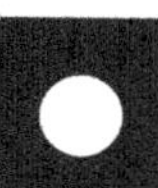
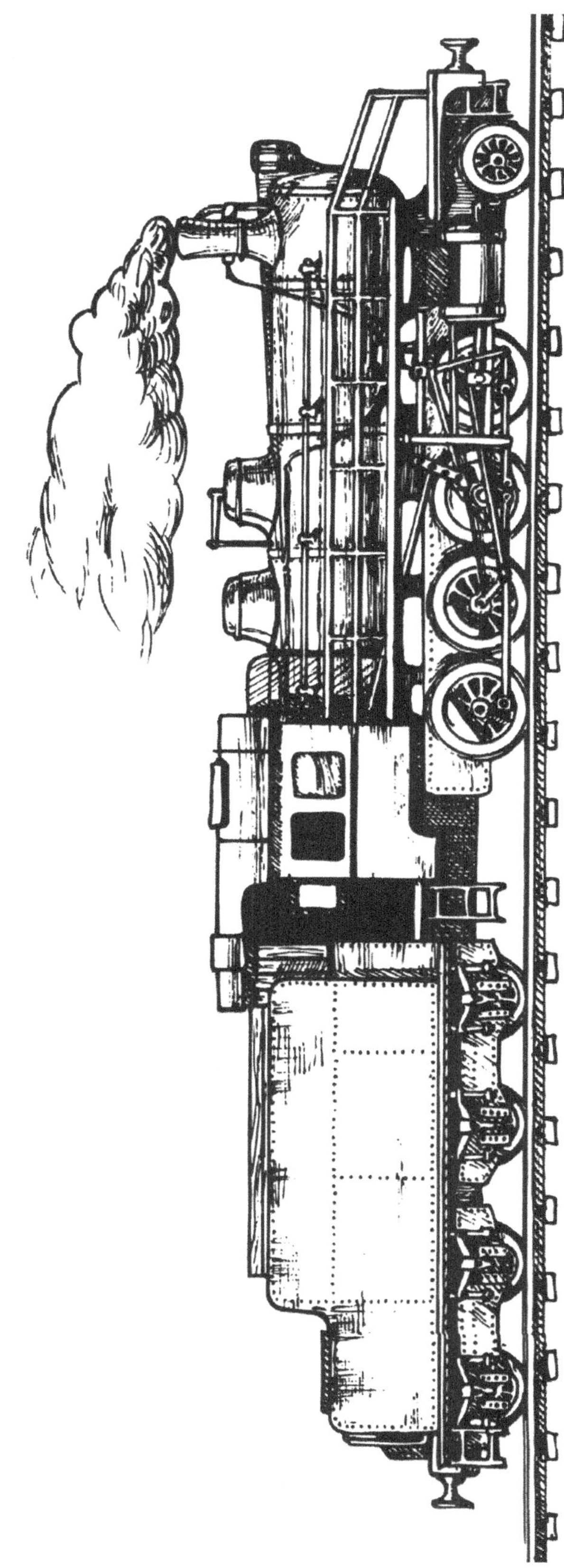

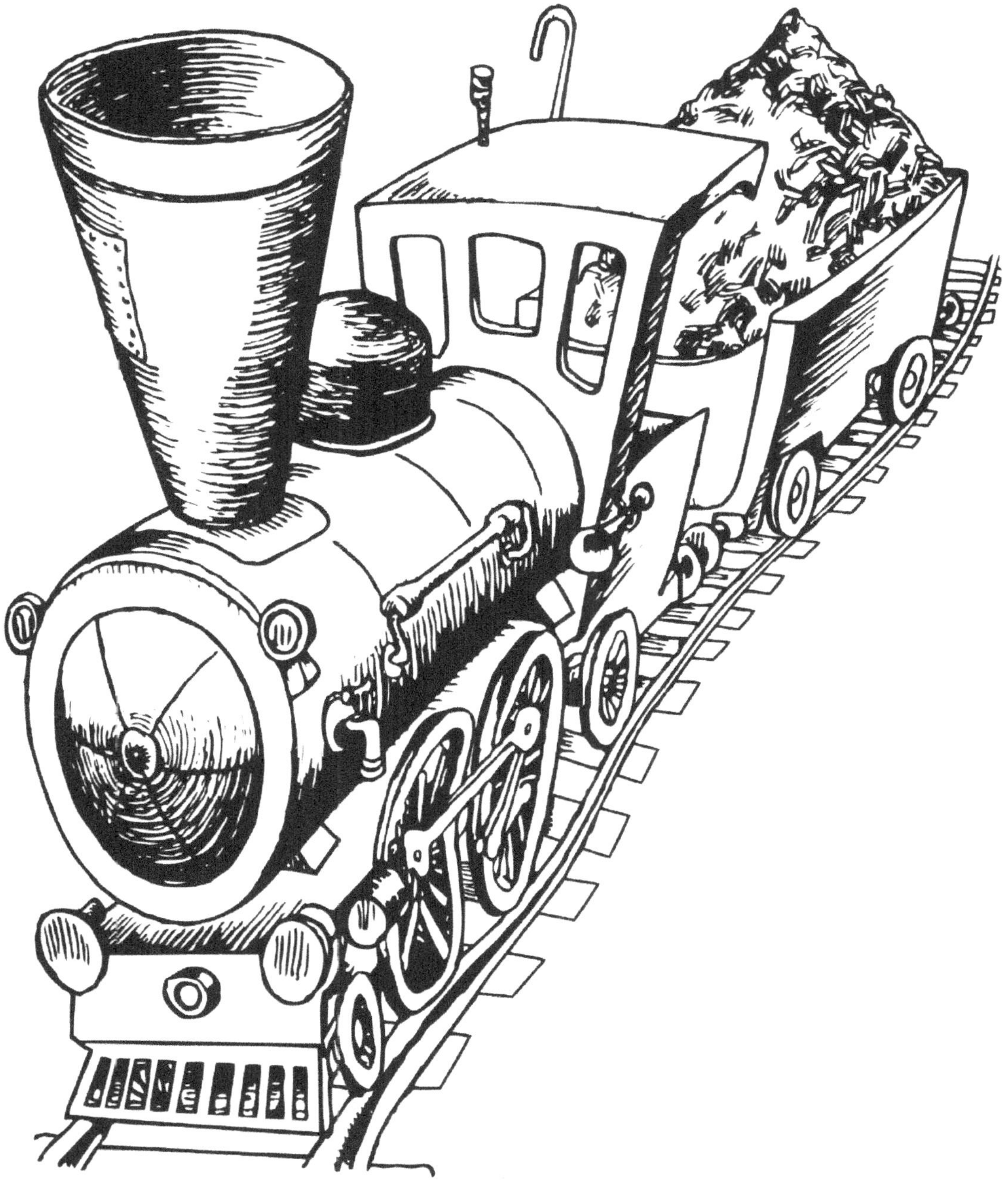

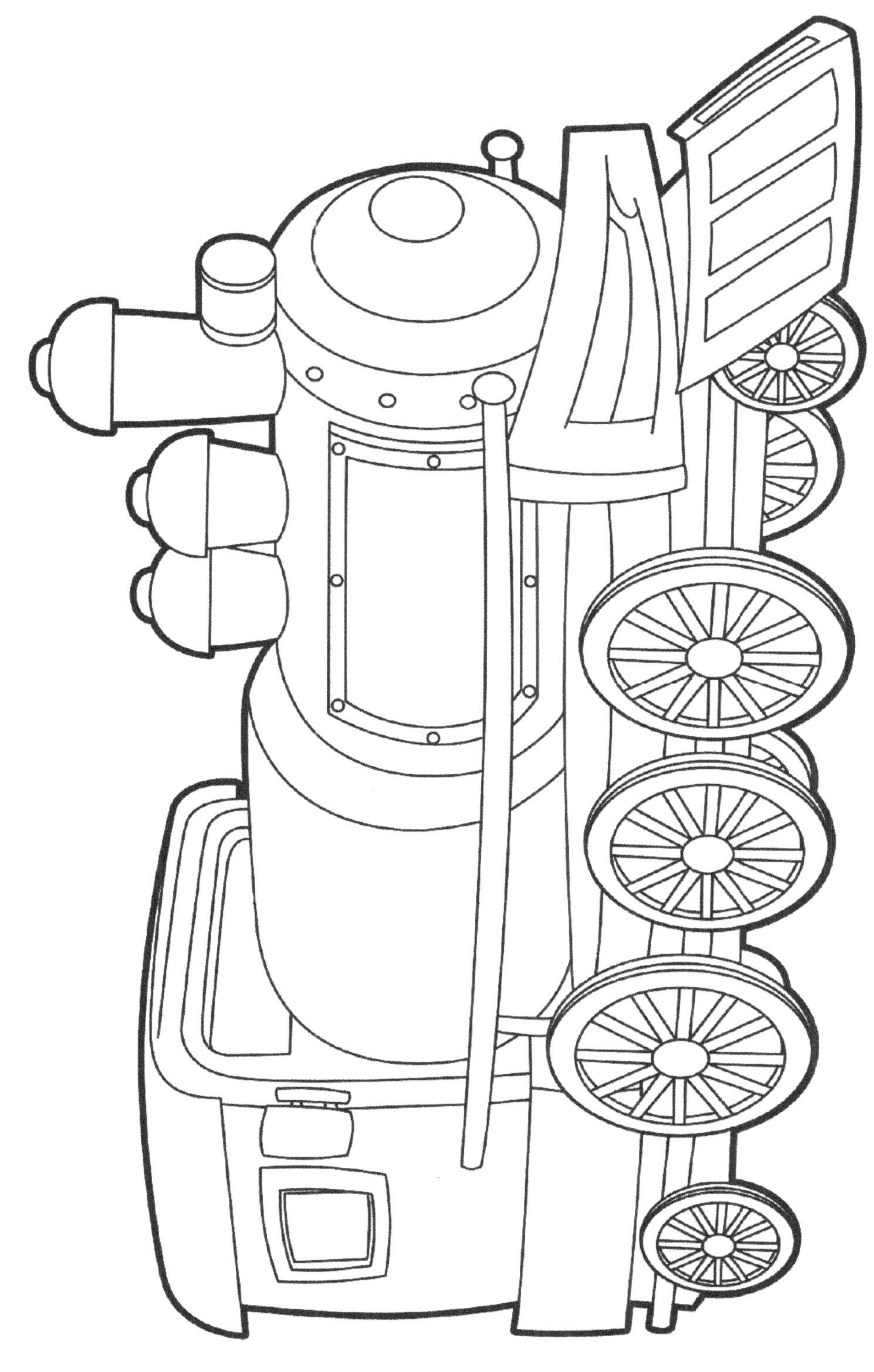

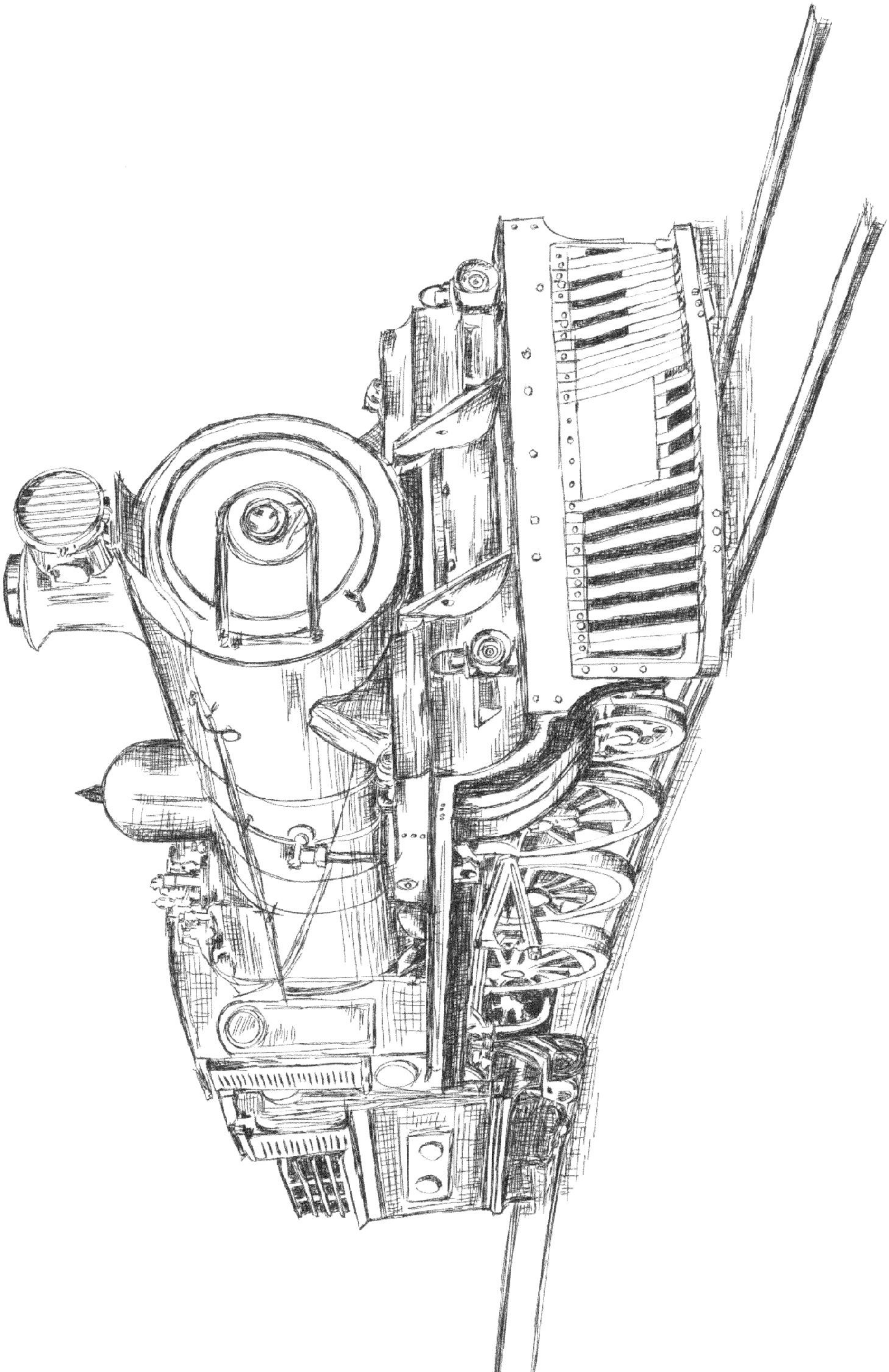

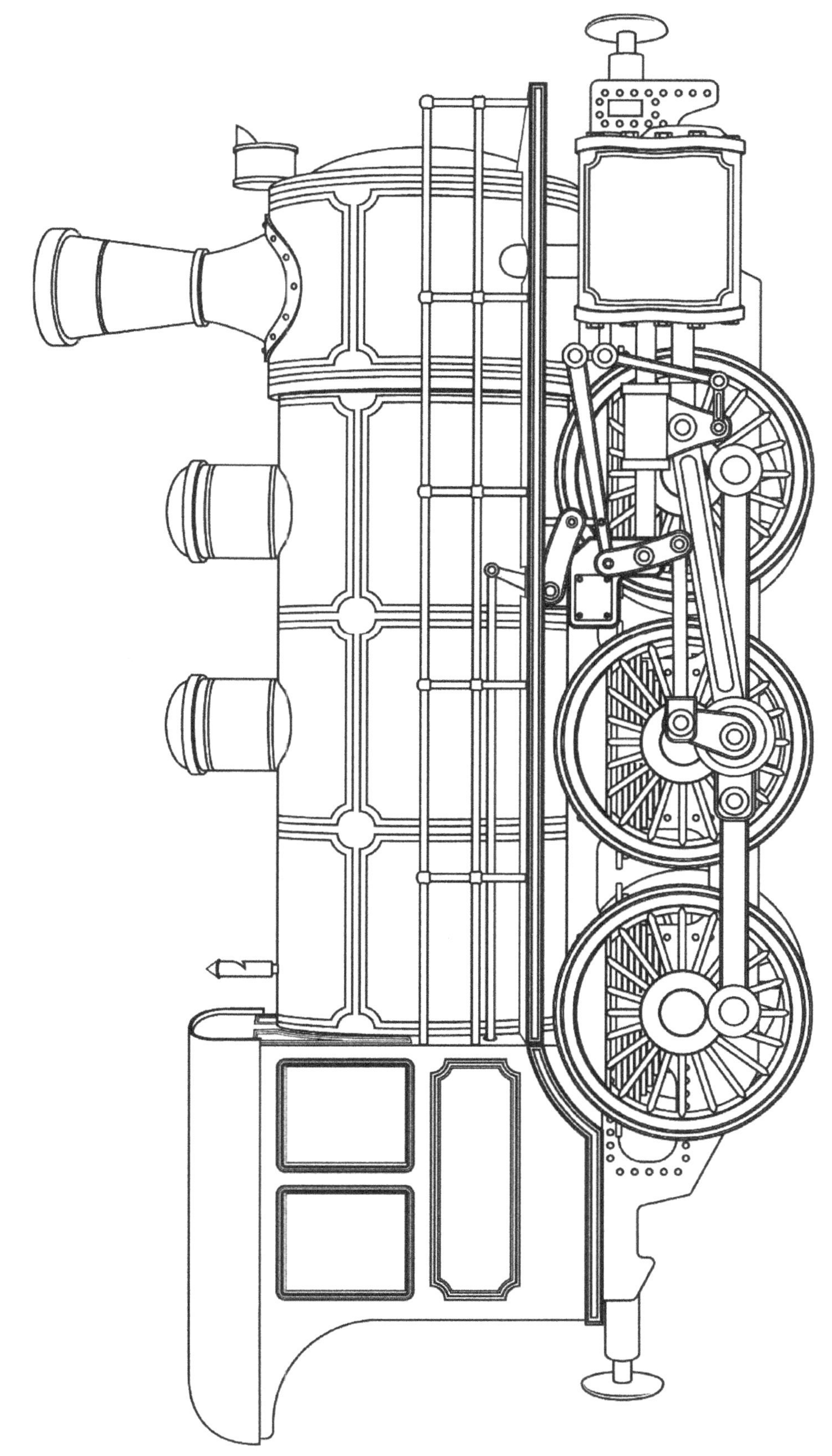

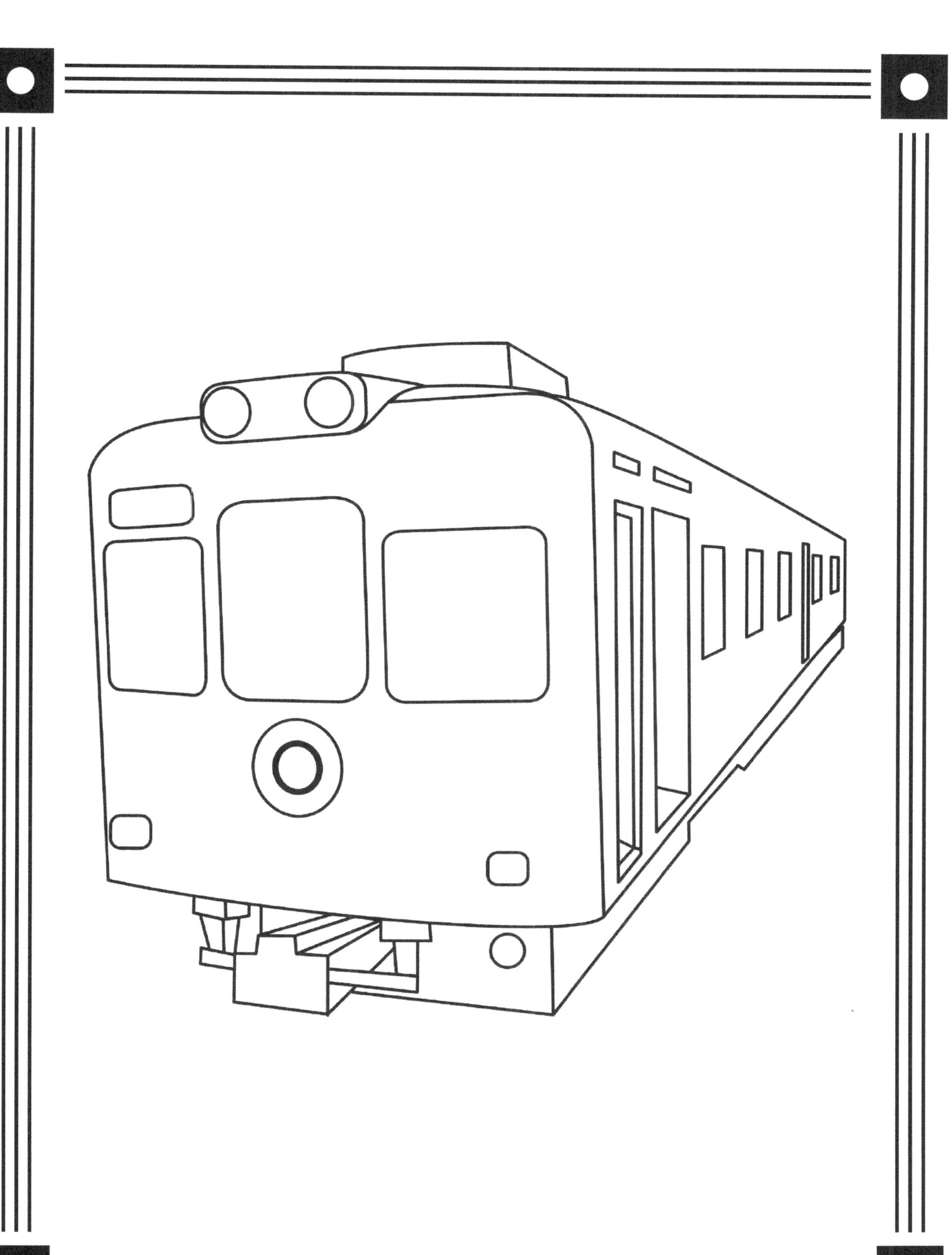

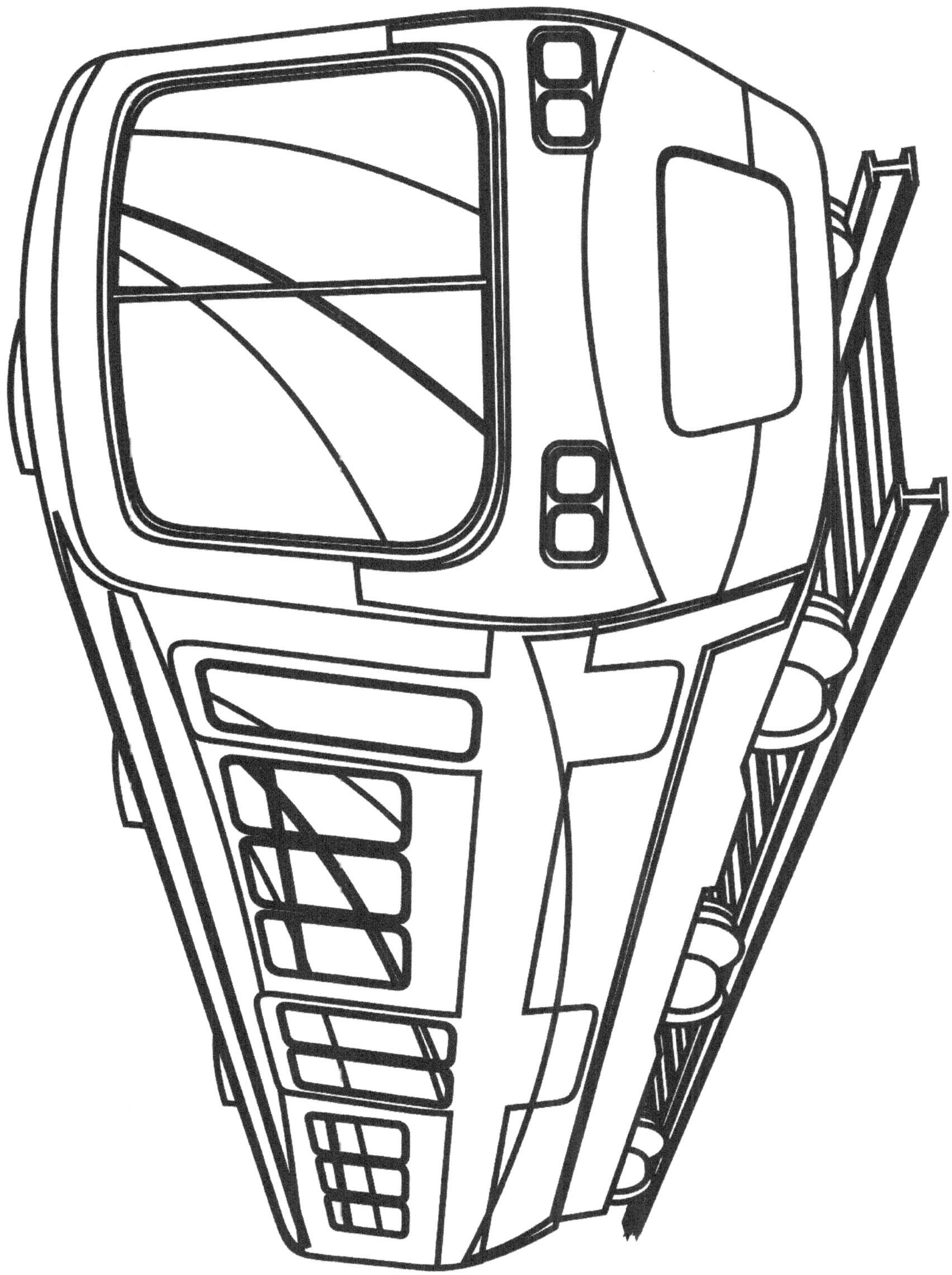

Made in the USA
Monee, IL
07 July 2026

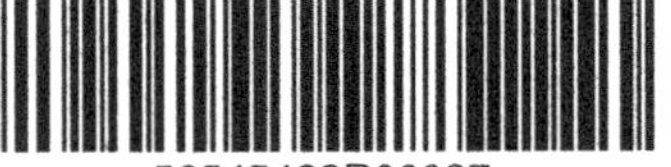

56545422R00037